Maurice Maeterlinck

-Les Aveugles-

1890

EEEOYS EDITIONS

LES AVEUGLES

Une très ancienne forêt septentrionale, d'aspect éternel sous un ciel profondément étoilé. — Au milieu, et vers le fond de la nuit, est assis un très vieux prêtre enveloppé d'un large manteau noir. Le buste et la tête, légèrement renversés et mortellement immobiles s'appuient contre le tronc d'un chêne énorme et caverneux. La face est affreusement pâle et d'une immuable lividité de cire où s'entrouvrent les lèvres violettes.

Les yeux muets et fixes ne regardent plus du côté visible de l'éternité, et semblent ensanglantés sous un grand nombre de douleurs immémoriales et de larmes. Les cheveux, d'une blancheur très grave, retombent en mèches roides et rares, sur le visage plus éclairé et plus las que tout ce qui l'entoure dans le silence attentif de la morne forêt. Les mains extrêmement maigres, sont rigidement jointes sur les cuisses. — À droite, six vieillards aveugles sont assis sur des pierres, des souches et des feuilles mortes. À gauche, et séparées d'eux par un arbre déraciné et des quartiers de roc, six femmes, *également aveugles, sont assises en face des vieillards. Trois d'entre elles prient et se lamentent d'une voix sourde et sans interruption. Une autre est extrêmement vieille. La cinquième, en une attitude de muette démence, porte, sur les genoux, un petit enfant endormi. La sixième est étrangement jeune et sa chevelure inonde tout son être. Elles ont, ainsi que les vieillards, d'amples vêtements, sombres et uniformes. La plupart attendent les coudes sur les genoux et le visage entre les mains ; et tous semblent avoir perdu l'habitude du geste inutile et ne détournent plus la tête aux rumeurs étouffées et inquiètes de l'Île.*

De grands arbres funéraires, des ifs, des saules pleureurs, des cyprès, les couvrent de leurs ombres fidèles. Une touffe de longs asphodèles maladifs fleurit, non loin du prêtre, dans la nuit. Il fait extraordinairement sombre, malgré le clair de lune qui çà et là, s'efforce d'écarter un moment les ténèbres des feuillages.

PREMIER AVEUGLE-NE.

Il ne revient pas encore ?

DEUXIEME AVEUGLE-NE.

Vous m'avez éveillé !

TROISIEME AVEUGLE-NE.

Je dormais aussi.

PREMIER AVEUGLE-NE.

Il ne vient pas encore ?

DEUXIEME AVEUGLE-NE.

Je n'entends rien venir.

TROISIEME AVEUGLE-NE.

Il est temps de rentrer à l'hospice.

PREMIER AVEUGLE-NE.

Il faudrait savoir où nous sommes.

DEUXIEME AVEUGLE-NE.

Il fait froid depuis son départ.

LE PLUS VIEIL AVEUGLE.

Quelqu'un sait-il où nous sommes ?

LA PLUS VIEILLE AVEUGLE.

Nous avons marché très longtemps ;
nous devons être très loin de l'hospice.

PREMIER AVEUGLE-NE.

Ah ! les femmes sont en face de nous ?

LA PLUS VIEILLE AVEUGLE.

Nous sommes assises en face de vous.

PREMIER AVEUGLE-NE.

Attendez, je viens près de vous. *Il se lève et
tâtonne.* — Où êtes-vous ? — Parlez ! que
j'entends où vous êtes !

LA PLUS VIEILLE AVEUGLE.

Ici ; nous sommes assises sur des pierres.

PREMIER AVEUGLE-NE.

Il s'avance et se heurte contre le tronc d'arbre et les quartiers de roc.

Il y a quelque chose entre nous…

DEUXIEME AVEUGLE-NE.

Il vaut mieux rester a sa place !

TROISIEME AVEUGLE-NE.

Où êtes-vous assises ? — Voulez-vous venir auprès de nous ?

LA PLUS VIEILLE AVEUGLE.

Nous n'osons pas nous lever !

TROISIEME AVEUGLE-NE.

Pourquoi nous a-t-il séparés ?

PREMIER AVEUGLE-NE.

J'entends prier du côté des femmes.

DEUXIEME AVEUGLE-NE.

Oui ; ce sont les trois vieilles qui prient.

PREMIER AVEUGLE-NE.

Ce n'est pas le moment de prier !

DEUXIEME AVEUGLE-NE.

Vous prierez tout à l'heure, au dortoir !

Les trois vieilles continuent leurs prières.

TROISIEME AVEUGLE-NE.

Je voudrais savoir à côté de qui je suis assis ?

DEUXIEME AVEUGLE-NE.

Je crois que suis près de vous.

Ils tâtonnent autour d'eux.

TROISIEME AVEUGLE-NE.

Nous ne pouvons pas nous toucher !

PREMIER AVEUGLE-NE.

Cependant, nous ne sommes pas loin l'un de l'autre. *Il tâtonne autour de lui, et heurte de son bâton LE CINQUIEME AVEUGLE, qui gémit sourdement.* Celui qui n'entend pas est à côté de nous !

DEUXIEME AVEUGLE-NE.

Je n'entends pas tout le monde ; nous étions six tout à l'heure.

PREMIER AVEUGLE-NE.

Je commence à me rendre compte. Interrogeons aussi les femmes ; il faut savoir à quoi s'en tenir. J'entends toujours prier les trois vieilles ; est-ce qu'elles sont ensemble ?

LA PLUS VIEILLE AVEUGLE.

Elles sont assises à côté de moi, sur un rocher.

PREMIER AVEUGLE-NE.

Je suis assis sur des feuilles mortes !

TROISIEME AVEUGLE-NE.

Et la belle aveugle, où est-elle ?

LA PLUS VIEILLE AVEUGLE.

Elle est près de celles qui prient.

DEUXIEME AVEUGLE-NE.

Où est la folle et son enfant ?

LA JEUNE AVEUGLE.

Il dort ; ne l'éveillez pas !

PREMIER AVEUGLE-NE.

Oh ! comme vous êtes loin de nous ! Je
vous croyais en face de moi !

TROISIEME AVEUGLE-NE.

Nous savons, à peu près, tout ce qu'il faut savoir : causons un peu, en attendant le retour du prêtre.

LA PLUS VIEILLE AVEUGLE.

Il nous a dit de l'attendre en silence.

TROISIEME AVEUGLE-NE.

Nous ne sommes pas dans une église.

LA PLUS VIEILLE AVEUGLE.

Vous ne savez pas où nous sommes.

TROISIEME AVEUGLE-ne.

J'ai peur quand je ne parle pas.

DEUXIEME AVEUGLE-NE.

Savez-vous où est allé le prêtre ?

TROISIEME AVEUGLE-NE.

Il me semble qu'il nous abandonne trop longtemps.

PREMIER AVEUGLE-NE.

Il devient trop vieux. Il paraît que lui — même n'y voit plus depuis quelque temps. Il ne veut pas l'avouer, de peur qu'un autre ne vienne prendre sa place parmi nous ; mais je soupçonne qu'il n'y voit presque plus. Il nous faudrait un autre guide ; il ne nous écoute plus, et nous devenons trop nombreux. Il n'y a que les trois religieuses et lui qui voient dans la maison ; et ils sont tous plus vieux que nous ! – Je suis sur qu'il nous a égarés et qu'il cherche le chemin. Où est-il allé ? – Il n'a pas le droit de nous laisser ici…

LE PLUS VIEIL AVEUGLE.

Il est allé très loin ; je crois qu'il a parlé sérieusement aux femmes.

PREMIER AVEUGLE-NE.

Il ne parle plus qu'aux femmes ? – Est-ce que nous n'existons plus ? – Il faudra bien s'en plaindre à la fin !

LE PLUS VIEIL AVEUGLE.

À qui vous en plaindrez-vous ?

PREMIER AVEUGLE-NE.

Je ne sais pas encore : nous verrons ;
nous verrons. – Mais où donc est-il allé ?
– Je le demande aux femmes.

LA PLUS VIEILLE AVEUGLE.

Il était fatigué d'avoir marché si
longtemps. Je crois qu'il s'est assis un
moment au milieu de nous. Il est très
triste et très faible depuis quelques jours.
Il a peur depuis que le médecin est mort.
Il est seul. Il ne parle presque plus. Je ne
sais ce qui est arrivé. Il voulait
absolument sortir aujourd'hui. Il disait
qu'il voulait voir l'Île, une dernière fois,
sous le soleil, avant l'hiver. Il paraît que
l'hiver sera très long et très froid et que

les glaces viennent déjà du Nord. Il était très inquiet aussi on dit que les grands orages de ces jours passés ont gonflé le fleuve et que toutes les digues sont ébranlées. Il disait aussi que la mer l'effrayait ; il paraît qu'elle s'agite sans raison, et que les falaises de l'Île ne sont plus assez hautes. Il voulait voir ; mais il ne nous a pas dit ce qu'il a vu. — Maintenant, je crois qu'il est allé chercher du pain et de l'eau pour la folle. Il a dit qu'il lui faudrait aller très loin, peut-être. Il faut attendre.

LA JEUNE AVEUGLE.

Il m'a pris les mains en partant ; et ses mains tremblaient comme s'il avait eu peur. Puis il m'a embrassée…

PREMIER AVEUGLE-NE.

Oh ! oh !

LA JEUNE AVEUGLE.

Je lui ai demandé ce qui était arrivé. Il m'a dit qu'il ne savait pas ce qui allait arriver. Il m'a dit que le règne des vieillards allait finir, peut-être…

PREMIER AVEUGLE-NE.

Que voulait-il dire, en disant cela ?

LA JEUNE AVEUGLE.

Je ne l'ai pas compris. Il m'a dit qu'il allait du côté du grand phare.

PREMIER AVEUGLE-NE.

Y a-t-il un phare ici ?

LA JEUNE AVEUGLE.

Oui, au Nord de l'Île. Je crois que nous n'en sommes pas éloignés. Il disait qu'il voyait la clarté du fanal jusqu'ici, dans les feuilles. Il ne m'a jamais semblé plus triste qu'aujourd'hui, et je crois qu'il pleurait depuis quelques jours. Je ne sais pas pourquoi je pleurais aussi sans le voir. Je ne l'ai pas entendu s'en aller je ne l'ai plus interrogé. J'entendais qu'il souriait trop gravement ; j'entendais qu'il fermait les yeux et qu'il voulait se taire…

PREMIER AVEUGLE-NE.

Il ne nous a rien dit de tout cela !

LA JEUNE AVEUGLE.

Vous ne l'écoutez pas quand il parle !

LA PLUS VIEILLE AVEUGLE.

Vous murmurez tous quand il parle !

DEUXIEME AVEUGLE-NE.

Il nous a dit simplement « Bonne nuit » en s'en allant.

TROISIEME AVEUGLE-NE.

Il faut qu'il soit bien tard.

PREMIER AVEUGLE-NE.

Il a dit deux ou trois fois « Bonne nuit »
en s'en allant, comme s'il allait dormir.
J'entendais qu'il me regardait en disant
« Bonne nuit ; bonne nuit. » — La voix
change quand on regarde quelqu'un
fixement.

LE CINQUIEME AVEUGLE.

Ayez pitié de ceux qui ne voient pas !

PREMIER AVEUGLE-NE.

Qui est-ce qui parle ainsi sans raison ?

DEUXIEME AVEUGLE-NE.

Je crois que c'est celui qui n'entend pas.

PREMIER AVEUGLE-NE.

Taisez-vous ! – ce n'est plus le moment
de mendier !

TROISIEME AVEUGLE-NE.

Où allait-il chercher du pain et de l'eau ?

LA PLUS VIEILLE AVEUGLE.

Il est allé du côté de la mer.

TROISIEME AVEUGLE-NE.

On ne va pas ainsi à la mer à son âge !

DEUXIEME AVEUGLE-NE.

Sommes-nous près de la mer ?

LA PLUS VIEILLE AVEUGLE.

Oui ; taisez-vous un instant ; vous l'entendrez.

Murmure d'une mer voisine et très calme contre les falaises.

DEUXIEME AVEUGLE-NE.

Je n'entends que les trois vieilles qui prient.

LA PLUS VIEILLE AVEUGLE.

Écoutez bien, vous l'entendrez à travers leurs prières.

DEUXIEME AVEUGLE-NE.

Oui : j'entends quelque chose qui n'est pas loin de nous.

LE PLUS VIEIL AVEUGLE.

Elle était endormie ; on dirait qu'elle s'éveille.

PREMIER AVEUGLE-NE.

Il a eu tort de nous mener ici ; je n'aime pas à entendre ce bruit.

LE PLUS VIEIL AVEUGLE.

Vous savez bien que l'Île n'est pas grande, et qu'on l'entend, dès qu'on sort de l'enclos de l'hospice.

DEUXIEME AVEUGLE-NE.

Je ne l'ai jamais écouté.

TROISIEME AVEUGLE-NE.

Il me semble qu'elle est à côté de nous aujourd'hui : je n'aime pas à l'entendre de près.

DEUXIEME AVEUGLE-NE.

Moi non plus ; d'ailleurs, nous ne demandions pas à sortir de l'hospice.

TROISIEME AVEUGLE-NE.

Nous ne sommes jamais venus jusqu'ici ; il était inutile de nous mener si loin.

LA PLUS VIEILLE AVEUGLE.

Il faisait très beau ce matin ; il a voulu nous faire jouir des derniers jours de soleil, avant de nous enfermer tout l'hiver dans l'hospice...

PREMIER AVEUGLE-NE.
Mais j'aime mieux rester dans l'hospice !

LA PLUS VIEILLE AVEUGLE.
Il disait aussi qu'il nous fallait connaître un peu la petite Île où nous sommes. Lui-même ne l'a jamais entièrement parcourue : il y a une montagne où personne n'a monté, des vallées où l'on n'aime pas à descendre et des grottes où nul n'a pénétré jusqu'ici. Il disait enfin qu'il ne fallait pas toujours attendre le

soleil sous les voûtes du dortoir ; il voulait nous mener jusqu'au bord de la mer. Il y est allé seul.

LE PLUS VIEIL AVEUGLE.

Il a raison ; il faut songer à vivre.

PREMIER AVEUGLE-NE.

Mais il n'y a rien à voir au dehors !

DEUXIEME AVEUGLE-NE.

Sommes-nous au soleil, maintenant ?

TROISIEME AVEUGLE-NE.

Y-a-t-il encore du soleil ?

LE SIXIEME AVEUGLE.

Je ne crois pas ; il me semble qu'il est très tard.

DEUXIEME AVEUGLE-NE.

Quelle heure est-il ?

LES AUTRES AVEUGLES.

Je ne sais pas. – Personne ne le sait.

DEUXIEME AVEUGLE-NE.

Est-ce qu'il fait clair encore ? *Au sixième aveugle* – Où êtes-vous ? – Voyons ; vous qui voyez un peu, voyons !

LE SIXIEME AVEUGLE.

Je crois qu'il fait très noir ; quand il y a du soleil, je vois une ligne bleue sous mes paupières ; j'en ai vu une, il y a très longtemps ; mais maintenant, je n'aperçois plus rien.

PREMIER AVEUGLE-NE.

Moi, je sais qu'il est tard quand j'ai faim, et j'ai faim.

TROISIEME AVEUGLE-NE.

Mais regardez le ciel ; vous y verrez peut-être quelque chose !

Tous lèvent la tête vers le ciel. À l'exception des trois aveugles-nés qui continuent de regarder la terre.

LE SIXIEME AVEUGLE.

Je ne sais si nous sommes sous le ciel.

PREMIER AVEUGLE-NE.

La voix résonne comme si nous étions dans une grotte.

LE PLUS VIEIL AVEUGLE.

Je crois plutôt qu'elle résonne ainsi parce que c'est le soir.

LA JEUNE AVEUGLE.

Il me semble que je sens le clair de lune sur mes mains.

LA PLUS VIEILLE AVEUGLE.

Je crois qu'il y a des étoiles ; je les entends.

LA JEUNE AVEUGLE.

Moi aussi.

PREMIER AVEUGLE-NE.

Je n'entends aucun bruit.

DEUXIEME AVEUGLE-NE.

Je n'entends que le bruit de nos souffles !

LE PLUS VIEIL AVEUGLE.

Je crois que les femmes ont raison.

PREMIER AVEUGLE-NE.

Je n'ai jamais entendu les étoiles.

Les deux autres aveugles-nés.

Nous non plus.

Un vol d'oiseaux nocturnes s'abat subitement dans les feuillages.

DEUXIEME AVEUGLE-NE.

Écoutez ! écoutez ! — Qu'y-a-t-il au-dessus de nous ? — Entendez-vous ?

LE PLUS VIEIL AVEUGLE.

Quelque chose a passé entre le ciel et nous !

LE SIXIEME AVEUGLE.

Il y a quelque chose qui s'agite au-dessus de nos têtes : mais nous ne pouvons pas y atteindre !

PREMIER AVEUGLE-NE.

Je ne connais pas la nature de ce bruit. —
Je voudrais rentrer à l'hospice.

DEUXIEME AVEUGLE-NE.

Il faudrait savoir où nous sommes !

LE SIXIEME AVEUGLE.

J'ai essayé de me lever ; il n'y a que des
épines autour de moi : je n'ose plus
étendre les mains.

TROISIEME AVEUGLE-NE.

Il faudrait savoir où nous sommes !

LE PLUS VIEIL AVEUGLE.

Nous ne pouvons pas le savoir !

LE SIXIEME AVEUGLE.

Il faut que nous soyons très loin de la maison : je ne comprends plus aucun bruit.

TROISIEME AVEUGLE-NE.

Depuis longtemps, je sens l'odeur des feuilles mortes !

LE SIXIEME AVEUGLE.

Quelqu'un a-t-il vu l'Île autrefois et peut-il nous dire où nous sommes ?

LA PLUS VIEILLE AVEUGLE.

Nous étions tous aveugles en arrivant ici.

PREMIER AVEUGLE-NE.

Nous n'avons jamais vu.

DEUXIEME AVEUGLE-NE.

Ne nous inquiétons pas inutilement : il reviendra bientôt : attendons encore : mais à l'avenir, nous ne sortirons plus avec lui.

LE PLUS VIEIL AVEUGLE.

Nous ne pouvons pas sortir seuls !

PREMIER AVEUGLE-NE.

Nous ne sortirons plus, j'aime mieux ne pas sortir.

DEUXIEME AVEUGLE-NE.

Nous n'avions pas envie de sortir, personne ne l'avait demandé.

LA PLUS VIEILLE AVEUGLE.

C'était jour de fête dans l'Île ; nous sortons toujours aux grandes fêtes.

TROISIEME AVEUGLE-NE.

Il est venu me frapper sur l'épaule pendant que je dormais encore, en me disant : Levez-vous, levez-vous, il est temps, il y a du soleil ! — Y en avait-il ? Je ne m'en suis pas aperçu. Je n'ai jamais vu le soleil.

LE PLUS VIEIL AVEUGLE.

Moi, j'ai vu le soleil lorsque j'étais très jeune.

LA PLUS VIEILLE AVEUGLE.

Moi aussi ; il y a très longtemps : lorsque j'étais enfant ; mais je ne mien souviens presque plus.

TROISIEME AVEUGLE-NE.

Pourquoi veut-il que nous sortions chaque fois qu'il y a du soleil ? Qui est-ce qui s'en aperçoit ? Je ne sais jamais si je me promène à midi ou à minuit.

LE SIXIEME AVEUGLE.

J'aime mieux sortir à midi ; je soupçonne alors de grandes clartés ; et mes yeux font de grands efforts pour s'ouvrir.

TROISIEME AVEUGLE-NE.

Je préfère rester au réfectoire, près du bon feu de houille : il y avait un grand feu ce matin...

DEUXIEME AVEUGLE-NE.

Il pouvait nous mener au soleil dans la cour ; on est à l'abri des murailles : on ne peut pas sortir, il n'y a rien à craindre quand la porte est fermée ; – je la ferme toujours. – Pourquoi me touchez-vous le coude gauche ?

PREMIER AVEUGLE-NE.

Je ne vous ai pas touché : je ne peux pas vous atteindre.

DEUXIEME AVEUGLE-NE.

Je vous dis que quelqu'un m'a touché le coude !

PREMIER AVEUGLE-NE.

Ce n'est pas un de nous.

DEUXIEME AVEUGLE-NE.

Je voudrais m'en aller !

LA PLUS VIEILLE AVEUGLE.

Mon Dieu ! mon Dieu ! dites-nous donc où nous sommes !

PREMIER AVEUGLE-NE.

Nous ne pouvons pas attendre éternellement !

Une horloge très lointaine sonne douze coups très lents.

LA PLUS VIEILLE AVEUGLE.

Oh ! comme nous sommes loin de l'hospice !

LE PLUS VIEIL AVEUGLE.

Il est minuit !

DEUXIEME AVEUGLE-NE.

Il est midi ! – Quelqu'un le sait-il ? – Parlez !

LE SIXIEME AVEUGLE.

Je ne sais pas ; mais je crois que nous sommes à l'ombre.

PREMIER AVEUGLE-NE.

Je ne m'y reconnais plus ; nous avons dormi trop longtemps !

DEUXIEME AVEUGLE-NE.

J'ai faim !

LES AUTRES AVEUGLES.

Nous avons faim et soif !

DEUXIEME AVEUGLE-NE.

Y a-t-il longtemps que nous sommes ici ?

LA PLUS VIEILLE AVEUGLE.

Il me semble que je suis ici depuis des siècles !

LE SIXIEME AVEUGLE.

Je commence à comprendre où nous sommes…

TROISIEME AVEUGLE-NE.

Il faudrait aller du côté où minuit est sonné…

Tous les oiseaux nocturnes exultent subitement dans les ténèbres.

PREMIER AVEUGLE-NE.

Entendez-vous ? – Entendez-vous ?

DEUXIEME AVEUGLE-NE.

Nous ne sommes pas seuls ici !

TROISIEME AVEUGLE-NE.

Il y a longtemps que me doute de quelque chose ; on nous écoute. – Est-il revenu ?

PREMIER AVEUGLE-NE.

Je ne sais pas ce que c'est ; c'est au-dessus de nous.

DEUXIEME AVEUGLE-NE.

Les autres n'ont-ils rien entendu ? – Vous vous taisez toujours !

LE PLUS VIEIL AVEUGLE.

Nous écoutons encore.

LA JEUNE AVEUGLE.

J'entends des ailes autour de moi !

LA PLUS VIEILLE AVEUGLE.

Mon Dieu ! mon Dieu ! dites-nous donc
où nous sommes !

LE SIXIEME AVEUGLE.

Je commence à comprendre où nous
sommes... L'hospice est de l'autre côté
du grand fleuve ; nous avons passé le
vieux pont. Il nous a conduits au nord de
l'Île. Nous ne sommes pas loin du fleuve,
et peut-être l'entendrions-nous si nous
écoutions un moment... Il faudrait aller

jusqu'au bord de l'eau s'il ne revenait pas... Il y passe, jour et nuit, de grands navires et les matelots nous apercevront sur les rives. Il se peut que nous soyons dans la forêt qui entoure le phare ; mais je n'en connais pas l'issue... Quelqu'un veut-il me suivre ?

PREMIER AVEUGLE-NE.

Restons assis ! – Attendons, attendons : – on ne connaît pas la direction du grand fleuve, et il y a des marais tout autour de l'hospice ; attendons, attendons... Il reviendra ; il faut qu'il revienne !

LE SIXIEME AVEUGLE.

Quelqu'un sait-il par où nous sommes venus ? Il nous l'a expliqué en marchant.

PREMIER AVEUGLE-NE.

Je n'y ai pas fait attention.

LE SIXIEME AVEUGLE.

Quelqu'un l'a-t-il écouté ?

TROISIEME AVEUGLE-NE.

Il faut l'écouter à l'avenir.

LE SIXIEME AVEUGLE.

Quelqu'un de nous est-il né dans l'Île ?

LE PLUS VIEIL AVEUGLE.

Vous savez bien que nous venons d'ailleurs.

LA PLUS VIEILLE AVEUGLE.

Nous venons de l'autre côté de la mer.

PREMIER AVEUGLE-NE.

J'ai cru mourir pendant la traversée.

DEUXIEME AVEUGLE-NE.

Moi aussi ; — nous sommes venus ensemble.

TROISIEME AVEUGLE-NE.

Nous sommes tous les trois de la même paroisse.

PREMIER AVEUGLE-NE.

On dit qu'on petit la voir d'ici, par un temps clair ; – vers le Nord. – Elle n'a pas de clocher.

TROISIEME AVEUGLE-NE.

Nous avons abordé par hasard.

LA PLUS VIEILLE AVEUGLE.

Je viens d'un autre côté…

DEUXIEME AVEUGLE-NE.

D'où venez-vous ?

LA PLUS VIEILLE AVEUGLE.

Je n'ose plus y songer… Je ne m'en souviens presque plus quand j'en parle…

Il y a trop longtemps… Il y faisait plus froid qu'ici…

LA JEUNE AVEUGLE.

Moi, je viens de très loin…

PREMIER AVEUGLE-NE.

D'où venez-vous donc ?

LA JEUNE AVEUGLE.

Je ne pourrais pas vous le dire. Comment voulez-vous que je vous l'explique ? – c'est trop loin d'ici : c'est au delà des mers. Je viens d'un grand pays… Je ne pourrais le montrer que par des signes : mais nous n'y voyons plus… J'ai erré trop longtemps… Mais j'ai vu le soleil et l'eau et le feu, des montagnes, des visages et d'étranges fleurs... Il n'y en a pas de pareilles dans cette Île ; il y fait trop sombre et trop froid... Je n'en ai plus reconnu le parfum depuis que je n'y vois plus... Mais j'ai vu mes parents et mes sœurs... J'étais trop jeune alors pour savoir où j'étais... Je jouais encore au bord de la mer... Mais comme je me souviens d'avoir vu !... Un jour, je regardais la neige du haut d'une montagne... Je commençais à distinguer ceux qui seront malheureux...

PREMIER AVEUGLE-NE.
Que voulez-vous dire ?

LA JEUNE AVEUGLE.

Je les distingue encore à leur voix par moments... J'ai des souvenirs qui sont plus clairs quand je n'y pense pas...

PREMIER AVEUGLE-NE.

Moi, je n'ai pas de souvenirs...

Un vol de grands oiseaux migrateurs passe avec des clameurs au-dessus des feuillages.

LE PLUS VIEIL AVEUGLE.

Quelque chose passe encore sous le ciel !

DEUXIEME AVEUGLE-NE.

Pourquoi êtes-vous venue ici ?

LE PLUS VIEIL AVEUGLE.

À qui demandez-vous cela ?

DEUXIEME AVEUGLE-NE.

À notre jeune sœur.

LA JEUNE AVEUGLE.

On m'avait dit qu'il pouvait me guérir. Il
m'a dit que je verrai un jour ; alors je
pourrai quitter l'Île...

PREMIER AVEUGLE-NE.

Nous voudrions tous quitter l'Île !

DEUXIEME AVEUGLE-NE.

Nous resterons toujours ici !

TROISIEME AVEUGLE-NE.

Il est trop vieux ; il n'aura pas le temps de nous guérir !

LA JEUNE AVEUGLE.

Mes paupières sont fermées, mais je sens que mes yeux sont en vie…

PREMIER AVEUGLE-NE.

Les miennes sont ouvertes.

DEUXIEME AVEUGLE-NE.

Je dors les yeux ouverts.

TROISIEME AVEUGLE-NE.

Ne parlons pas de nos yeux !

DEUXIEME AVEUGLE-NE.

Il n'y a pas longtemps que vous êtes ici ?

LE PLUS VIEIL AVEUGLE.

J'ai entendu un soir, pendant la prière, du côté des femmes, une voix que je ne connaissais pas ; et j'entendais à votre voix que vous étiez très jeune… j'aurais voulu vous voir, à vous entendre…

PREMIER AVEUGLE-NE.

Je ne m'en suis pas aperçu.

DEUXIEME AVEUGLE-NE.

Il ne nous avertit jamais !

LE SIXIEME AVEUGLE.

On dit que vous êtes belle comme une femme qui vient de très loin ?

LA JEUNE AVEUGLE.

Je ne me suis jamais vue.

LE PLUS VIEIL AVEUGLE.

Nous ne nous sommes jamais vus les uns les autres. Nous nous interrogeons et nous nous répondons : nous vivons ensemble, nous sommes toujours ensemble, mais nous ne savons pas ce que nous sommes !… Nous avons beau toucher des deux mains ; les yeux en savent plus que les mains…

LE SIXIEME AVEUGLE.

Je vois parfois vos ombres quand vous êtes au soleil.

LE PLUS VIEIL AVEUGLE.

Nous n'avons jamais vu la maison où nous vivons : nous avons beau tâter les murs et les fenêtres ; nous ne savons pas où nous vivons !...

LA PLUS VIEILLE AVEUGLE.

On dit que c'est un vieux château très sombre et très misérable, on n'y voit jamais de lumière, si ce n'est dans la tour où se trouve la chambre du prêtre.

PREMIER AVEUGLE-NE.

Il ne faut pas de lumière à ceux qui ne voient pas.

LE SIXIEME AVEUGLE.

Quand je garde le troupeau, aux environs de l'hospice, les brebis rentrent d'elles-mêmes, en apercevant, le soir, cette lumière de la tour... – Elles ne m'ont jamais égaré.

LE PLUS VIEIL AVEUGLE.

Voilà des années et des années que nous sommes ensemble, et nous ne nous sommes jamais aperçus ! On dirait que nous sommes toujours seuls !... Il faut voir pour aimer...

LA PLUS VIEILLE AVEUGLE.

Je rêve parfois que je vois…

LE PLUS VIEIL AVEUGLE.

Moi, je ne vois que quand je rêve…

PREMIER AVEUGLE-NE.

Je ne rêve, d'ordinaire, qu'à minuit.

DEUXIEME AVEUGLE-NE.

À quoi peut-on rêver quand les mains sont immobiles ?
Une rafale ébranle la forêt, et les feuilles tombent en masses sombres.

LE CINQUIEME AVEUGLE.

Qui est-ce qui m'a touché les mains ?

PREMIER AVEUGLE-NE.

Quelque chose tombe autour de nous !

LE PLUS VIEIL AVEUGLE.

Cela vient d'en haut : je ne sais ce que c'est.

LE CINQUIEME AVEUGLE.

Qui est-ce qui m'a touché les mains ? – J'étais endormi ; laissez-moi dormir !

LE PLUS VIEIL AVEUGLE.

Personne n'a touché vos mains.

LE CINQUIEME AVEUGLE.

Qui est-ce qui m'a pris les mains ? répondez à haute voix, j'ai l'oreille un peu dure...

LE PLUS VIEIL AVEUGLE.

Nous ne le savons pas nous-même.

LE CINQUIEME AVEUGLE.

Est-on venu nous avertir ?

PREMIER AVEUGLE-NE.

Il est inutile de répondre ; il n'entend rien.

TROISIEME AVEUGLE-NE.

Il faut avouer que les sourds sont bien malheureux !

LE PLUS VIEIL AVEUGLE.

Je suis las d'être assis !

LE SIXIEME AVEUGLE.

Je suis las d'être ici !

DEUXIEME AVEUGLE-NE.

Il me semble que nous sommes si loin les uns des autres... Essayons de nous rapprocher un peu : – il commence à faire froid...

TROISIEME AVEUGLE-NE.

Je n'ose pas me lever ! il vaut mieux rester à sa place.

LE PLUS VIEIL AVEUGLE.

On ne sait pas ce qu'il peut y avoir entre nous.

LE SIXIEME AVEUGLE.

Je crois que mes deux mains sont en sang ; j'ai voulu me mettre debout.

TROISIEME AVEUGLE-NE.

J'entends que vous vous penchez vers moi.

L'aveugle folle se frotte violemment les yeux en gémissant et en se tournant obstinément vers le prêtre immobile.

PREMIER AVEUGLE-NE.

J'entends encore un autre bruit…

LA PLUS VIEILLE AVEUGLE.

Je crois que c'est notre pauvre sœur qui se frotte les yeux.

DEUXIEME AVEUGLE-NE.

Elle ne fait jamais autre chose ; je l'entends toutes les nuits.

TROISIEME AVEUGLE-NE.

Elle est folle ; elle ne dit jamais rien.

LA PLUS VIEILLE AVEUGLE.

Elle ne parle plus depuis qu'elle a eu son enfant. Elle semble toujours avoir peur.

LE PLUS VIEIL AVEUGLE.

Vous n'avez donc pas peur ici ?

PREMIER AVEUGLE-NE.

Qui donc ?

LE PLUS VIEIL AVEUGLE.

Nous autres tous !

LA PLUS VIEILLE AVEUGLE.

Oui, oui, nous avons peur !

LA JEUNE AVEUGLE.

Nous avons peur depuis longtemps !

PREMIER AVEUGLE-NE.

Pourquoi demandez-vous cela ?

LE PLUS VIEIL AVEUGLE.

Je ne sais pas pourquoi je le demande !...
Il y a quelque chose que je ne comprends
pas... Il me semble que j'entends pleurer
tout à coup parmi nous !...

PREMIER AVEUGLE-NE.
Il ne faut pas avoir peur ; je crois que c'est
la folle...

LE PLUS VIEIL AVEUGLE.
Il y a encore autre chose... Je suis sûr
qu'il y a encore autre chose... Ce n'est
pas de cela seul que j'ai peur...

LA PLUS VIEILLE AVEUGLE.
Elle pleure toujours lorsqu'elle va allaiter
son enfant.

PREMIER AVEUGLE-NE.

Il n'y a qu'elle qui pleure ainsi !

LA PLUS VIEILLE AVEUGLE.

On dit qu'elle y voit encore par moments...

PREMIER AVEUGLE-NE.

On entend pas pleurer les autres...

LE PLUS VIEIL AVEUGLE.

Il faut voir pour pleurer...

LA JEUNE AVEUGLE.

Je sens une odeur de fleurs autour de nous...

PREMIER AVEUGLE-NE.

Je ne sens que l'odeur de la terre !

LA JEUNE AVEUGLE.

Il y a des fleurs, il y a des fleurs autour de nous !

DEUXIEME AVEUGLE-NE.

Je ne sens que l'odeur de la terre !

LA PLUS VIEILLE AVEUGLE.

J'ai senti des fleurs dans le vent…

TROISIEME AVEUGLE-NE.

Je ne sens que l'odeur de la terre !

LE PLUS VIEIL AVEUGLE.

Je crois quelles ont raison.

LE SIXIEME AVEUGLE.

Où sont-elles ? — J'irai les cueillir.

LA JEUNE AVEUGLE.

À votre droite, levez-vous.

LE SIXIEME AVEUGLE se lève lentement et s'avance à tâtons, en se heurtant aux buissons et aux arbres, vers les asphodèles qu'il renverse et écrase sur son passage.

LA JEUNE AVEUGLE.

J'entends que vous brisez des tiges vertes ! Arrêtez-vous ! Arrêtez-vous !

PREMIER AVEUGLE-NE.

Ne vous inquiétez pas des fleurs, mais songez au retour !

LE SIXIEME AVEUGLE.

Je n'ose plus revenir sur mes pas !

LA JEUNE AVEUGLE.

Il ne faut pas revenir ! – Attendez. – *Elle se lève.* – Oh ! comme la terre est froide ! Il va geler. – *Elle s'avance sans hésitation vers les étranges et pâles asphodèles, mais elle est arrêtée par l'arbre renversé et les quartiers de roc, aux environs des fleurs.* – Elles sont ici ! – Je ne puis pas y atteindre ; elles sont de votre côté.

LE SIXIEME AVEUGLE.

Je crois que je les cueille.

Il cueille, à tâtons, les fleurs épargnées, et les lui
offre ; les oiseaux nocturnes s'envolent.

LA JEUNE AVEUGLE.

Il me semble que j'ai vu ces fleurs
autrefois... Je ne sais plus leur nom...
Mais comme elles sont malades, et
comme leur tige est molle ! Je ne les
reconnais presque pas... Je crois que
c'est la fleur des morts...

Elle tresse des asphodèles dans sa chevelure.

LE PLUS VIEIL AVEUGLE.

J'entends le bruit de vos cheveux.

LA JEUNE AVEUGLE.

Ce sont les fleurs...

LE PLUS VIEIL AVEUGLE.

Nous ne vous verrons pas...

LA JEUNE AVEUGLE.

Je ne me verrai pas non plus... J'ai froid.

En ce moment, le vent s'élève dans la forêt, et la mer mugit, tout à coup et violemment, contre des falaises très voisines.

PREMIER AVEUGLE-NE.

Il tonne !

DEUXIEME AVEUGLE-NE.

Je crois que c'est une tempête qui s'élève.

LA PLUS VIEILLE AVEUGLE.

Je crois que c'est la mer.

TROISIEME AVEUGLE-NE.

La mer ? – Est-ce que c'est la mer ? – Mais elle est à deux pas de nous ! – Elle est à côté de nous ! Je l'entends tout autour de moi ! – Il faut que ce soit autre chose !

LA JEUNE AVEUGLE.

J'entends le bruit des vagues à mes pieds.

PREMIER AVEUGLE-NE.

Je crois que c'est le vent dans les feuilles mortes.

LE PLUS VIEIL AVEUGLE.

Je crois que les femmes ont raison.

TROISIEME AVEUGLE-NE.

Elle va venir ici !

PREMIER AVEUGLE-NE.

D'où vient le vent ?

DEUXIEME AVEUGLE-NE.

Il vient du côté de la mer.

LE PLUS VIEIL AVEUGLE.

Il vient toujours du côté de la mer ; elle nous entoure de tous côtés. Il ne peut pas venir d'autre part…

PREMIER AVEUGLE-NE.

Ne songeons plus à la mer !

DEUXIEME AVEUGLE-NE.

Mais il faut y songer puisqu'elle va nous atteindre !

PREMIER AVEUGLE-NE.

Vous ne savez pas si c'est elle.

DEUXIEME AVEUGLE-NE.

J'entends ses vagues comme si j'allais y tremper les deux mains ! Nous ne pouvons pas rester ici ! Elles sont peut-être autour de nous !

LE PLUS VIEIL AVEUGLE.

Où voulez-vous aller ?

DEUXIEME AVEUGLE-NE.

N'importe où ! n'importe où ! Je ne veux plus entendre le bruit de ces eaux ! Allons-nous-en ! Allons-nous-en !

TROISIEME AVEUGLE-NE.

Il me semble que j'entends encore autre chose. — Écoutez !

On entend un bruit de pas précipités et lointains, dans les feuilles mortes.

PREMIER AVEUGLE-NE.

Il y a quelque chose qui s'approche !

DEUXIEME AVEUGLE-NE.

Il vient ! Il vient ! Il revient !

TROISIEME AVEUGLE-NE.

Il vient à petits pas, comme un petit enfant...

DEUXIEME AVEUGLE-NE.

Ne lui faisons pas de reproches aujourd'hui !

LA PLUS VIEILLE AVEUGLE.

Je crois que ce n'est pas le pas d'un homme !

Un grand chien entre dans la forêt, et passe devant les aveugles. — Silence.

PREMIER AVEUGLE-NE.

Qui est-là ? – Qui êtes-vous ? – Ayez pitié de nous, nous attendons depuis si longtemps !... *Le chien s'arrête et vient se poser les pattes de devant sur les genoux de l'aveugle.* Ah ! ah ! qu'avez-vous mis sur mes genoux ? Qu'est-ce que c'est ?... Est-ce une bête ? – Je crois que c'est un chien ?... Oh ! oh ! c'est le chien ! c'est le chien de l'hospice ! Viens ici ! viens ici ! Il vient nous délivrer ! Viens ici ! viens ici !

LES AUTRES AVEUGLES

Viens ici ! viens ici !

PREMIER AVEUGLE-NE.

Il vient nous délivrer ! Il a suivi nos traces jusqu'ici ! Il me lèche les mains comme s'il me retrouvait après des siècles ! Il hurle de joie ! Il va mourir de joie ! écoutez ! écoutez !

LES AUTRES AVEUGLES.

Viens ici ! viens ici !

LE PLUS VIEIL AVEUGLE.

Il précède peut-être quelqu'un ?...

PREMIER AVEUGLE-NE.

Non, non, il est seul. – Je n'entends rien venir. – Il ne nous faut pas d'autre guide ; il n'y en a pas de meilleur. Il nous

conduira partout où nous voulons aller ;
il nous obéira…

LA PLUS VIEILLE AVEUGLE.

Je n'ose pas le suivre…

LA JEUNE AVEUGLE.

Moi non plus.

PREMIER AVEUGLE-NE.

Pourquoi pas ? Il y voit mieux que nous.

DEUXIEME AVEUGLE-NE.

N'écoutons pas les femmes !

TROISIEME AVEUGLE-NE.

Je crois qu'il y a quelque chose de changé dans le ciel ; je respire librement ; l'air est pur maintenant...

LA PLUS VIEILLE AVEUGLE.

C'est le vent de la mer qui passe autour de nous.

LA SIXIEME AVEUGLE.

Il me semble qu'il va faire clair ; je crois que le soleil se lève...

LA PLUS VIEILLE AVEUGLE.

Je crois qu'il va faire froid...

PREMIER AVEUGLE-NE.

Nous allons retrouver notre route. Il m'entraîne !... il m'entraîne. Il est ivre de joie ! – Je ne peux plus le retenir !... Suivez-moi !   suivez-moi ?   Nous retournons à la maison !...

Il se lève, entraîné par le chien qui le mène vers le prêtre immobile, et s'arrête.

LES AUTRES AVEUGLES

Où êtes-vous ? Où êtes-vous ? Où allez-vous ? – Prenez garde !

PREMIER AVEUGLE-NE.

Attendez ! attendez ! Ne me suivez pas encore ; reviendrai... Il s'arrête. – Qu'y a-t-il ? – Ah ah ! J'ai touché quelque chose de très froid !

DEUXIEME AVEUGLE-NE.

Que dites-vous ? – On n'entend presque plus votre voix.

PREMIER AVEUGLE-NE.

J'ai touché !... Je crois que je touche un visage !

DEUXIEME AVEUGLE-NE.

Que dites-vous ? – On ne vous comprend presque plus. Qu'avez-vous ? – Où êtes-vous ? – Êtes-vous déjà si loin de nous ?

PREMIER AVEUGLE-NE.

Oh ! oh ! oh ! – Je ne sais pas encore ce que c'est… – Il y a un mort au milieu de nous !

LES AUTRES AVEUGLES.

Un mort au milieu de nous ? – Où êtes-vous ? où êtes-vous ?

PREMIER AVEUGLE-NE.

Il y a un mort parmi nous, vous dis-je ! Oh ! oh ! j'ai touché le visage d'un mort ! – Vous êtes assis à côté d'un mort ! Il faut que l'un de nous soit mort subitement ! Mais parlez donc, afin que je sache ceux qui vivent ! Où êtes-vous ? – Répondez ! répondez tous ensemble ! *Les aveugles répondent successivement, à l'exception de l'aveugle folle et de l'aveugle sourd ; les trois vieilles ont cessé leurs prières.*

PREMIER AVEUGLE-NE.

Je ne distingue plus vos voix !… Vous parlez tous de même !… Elles tremblent toutes !

TROISIEME AVEUGLE-NE.

Il y en a deux qui n'ont pas répondu… Où sont-ils ?

Il touche de son bâton LE CINQUIEME AVEUGLE.

LE CINQUIEME AVEUGLE.

Oh ! oh ! J'étais endormi ; laissez-moi dormir !

LE SIXIEME AVEUGLE.

Ce n'est pas lui. – Est-ce la folle ?

LA PLUS VIEILLE AVEUGLE.

Elle est assise à côté de moi ; je l'entends vivre…

PREMIER AVEUGLE-NE.

Je crois… Je crois que c'est le prêtre ! – Il est debout ! Venez ! venez ! venez !

DEUXIEME AVEUGLE-NE.

Il est debout ?

TROISIEME AVEUGLE-NE.

Il n'est pas mort alors !

LE PLUS VIEIL AVEUGLE.

Où est-il ?

LE SIXIEME AVEUGLE.

Allons voir !…

Ils se lèvent tous, à l'exception de la folle et du cinquième aveugle, et s'avancent, à tâtons, vers le mort.

DEUXIEME AVEUGLE-NE.

Est-il ici ? – Est-ce lui ?

TROISIEME AVEUGLE-NE.

Oui ! oui ! je le reconnais !

PREMIER AVEUGLE-NE.

Mon Dieu ! mon Dieu ! Qu'allons-nous devenir !

LA PLUS VIEILLE AVEUGLE.

Mon père ! mon père ! – Est-ce vous ? mon père, qu'est-il donc arrivé ? – Qu'avez-vous ? – Répondez-nous ! – Nous sommes tous autour de vous... Oh ! oh ! oh !

LE PLUS VIEIL AVEUGLE.

Apportez de l'eau ; il vit peut-être encore...

DEUXIEME AVEUGLE-NE.

Essayons. Il pourra peut-être nous reconduire à l'hospice...

TROISIEME AVEUGLE-NE.

C'est inutile ; je n'entends plus son cœur.

– Il est froid…

PREMIER AVEUGLE-NE.

Il est mort sans rien dire.

TROISIEME AVEUGLE-NE.

Il aurait dû nous prévenir.

DEUXIEME AVEUGLE-NE.

Oh ! comme il était vieux !… c'est la première fois que je touche son visage…

TROISIEME AVEUGLE-NE.

Tâtant le cadavre Il est plus grand que nous !…

DEUXIEME AVEUGLE-NE.

Ses yeux sont grands ouverts ; il est mort les mains jointes…

PREMIER AVEUGLE-NE.

Il est mort, ainsi sans raison…

DEUXIEME AVEUGLE-NE.

Il n'est pas debout, il est assis sur une pierre…

LA PLUS VIEILLE AVEUGLE.

Mon Dieu ! mon Dieu ! Je ne savais pas tout cela !… tout cela !… Il était malade depuis si longtemps… Il a du souffrir aujourd'hui !… Oh ! oh ! Oh ! – Il ne se plaignait pas… Il ne se plaignait qu'en nous serrant les mains… On ne comprend pas toujours… On ne comprend jamais !… Allons prier autour de lui : mettez-vous à genoux… *Les femmes s'agenouillent en gémissant.*

PREMIER AVEUGLE-NE.

Je n'ose pas me mettre à genoux…

DEUXIEME AVEUGLE-NE.

On ne sait pas sur quoi l'on s'agenouille ici…

TROISIEME AVEUGLE-NE.

Était-il malade ?... Il ne nous l'a pas
dit...

DEUXIEME AVEUGLE-NE.

J'ai entendu qu'il parlait à voix basse en
s'en allant... Je crois qu'il parlait à notre
jeune sœur ; qu'a-t-il dit ?

PREMIER AVEUGLE-NE.

Elle ne veut pas répondre.

DEUXIEME AVEUGLE-NE.

Vous ne voulez plus nous répondre ? –
Où donc êtes-vous ? – Parlez !

LA PLUS VIEILLE AVEUGLE.

Vous l'avez trop fait souffrir ; vous l'avez fait mourir... Vous ne vouliez plus avancer ; vous vouliez vous asseoir sur les pierres de la route, pour manger ; vous avez murmuré tout le jour... Je l'entendais soupirer... Il a perdu courage...

PREMIER AVEUGLE-NE.

Était-il malade ? le saviez-vous ?

LE PLUS VIEIL AVEUGLE.

Nous ne savions rien... Nous ne l'avons jamais vu... Quand donc avons-nous su quelque chose sous nos pauvres yeux morts ?... Il ne se plaignait pas... Maintenant c'est trop tard... J'en ai vu

mourir trois… mais jamais ainsi !…
Maintenant c'est à notre tour…

PREMIER AVEUGLE-NE.

Ce n'est pas moi qui l'ai fait souffrir. – Je n'ai rien dit…

DEUXIEME AVEUGLE-NE.

Moi non plus : nous l'avons suivi sans rien dire…

TROISIEME AVEUGLE-NE.

Il est mort en allant chercher de l'eau pour la folle…

PREMIER AVEUGLE-NE.

Qu'allons-nous faire maintenant ? Où irons-nous ?

TROISIEME AVEUGLE-NE.

Où est le chien ?

PREMIER AVEUGLE-NE.

Ici ; il ne veut pas s'éloigner du mort.

TROISIEME AVEUGLE-NE.

Entraînez-le ! Écartez-le ! écartez-le !

PREMIER AVEUGLE-NE.

Il ne veut pas quitter le mort !

DEUXIEME AVEUGLE-NE.

Nous ne pouvons pas attendre à côté d'un mort !... Nous ne pouvons pas mourir ici dans les ténèbres !

TROISIEME AVEUGLE-NE.

Restons ensemble ; ne nous écartons pas les uns des autres ; tenons-nous par la main ; asseyons-nous tous sur cette pierre... où sont les autres... Venez ici ! venez ! venez !

LE PLUS VIEIL AVEUGLE.

Où êtes-vous ?

TROISIEME AVEUGLE-NE.

Ici ; je suis ici. Sommes-nous tous ensemble ? — Venez plus près de moi. — Où sont vos mains ? — Il fait très froid.

LA JEUNE AVEUGLE.

Oh ! comme vos mains sont froides !

TROISIEME AVEUGLE-NE.

Que faites-vous ?

LA JEUNE AVEUGLE.

Je mettais les mains sur mes yeux ; je croyais que j'allais voir tout à coup...

PREMIER AVEUGLE-NE.

Qui est-ce qui pleure ainsi ?

LA PLUS VIEILLE AVEUGLE.

C'est la folle qui sanglote.

PREMIER AVEUGLE-NE.

Elle ne sait pas la vérité cependant ?

LE PLUS VIEIL AVEUGLE.

Je crois que nous allons mourir ici…

LA PLUS VIEILLE AVEUGLE.

Quelqu'un viendra peut-être…

LE PLUS VIEIL AVEUGLE.

Qui est-ce qui viendrait encore ?…

LA PLUS VIEILLE AVEUGLE.

Je ne sais pas.

PREMIER AVEUGLE-NE.

Je pense que les religieuses sortiront de l'hospice…

LA PLUS VIEILLE AVEUGLE.

Elles ne sortent pas le soir.

LA JEUNE AVEUGLE.

Elles ne sortent jamais.

DEUXIEME AVEUGLE-NE.

Je pense que les hommes du grand phare nous apercevront…

LE PLUS VIEIL AVEUGLE.

Ils ne descendent pas de leur tour.

TROISIEME AVEUGLE-NE.

Ils nous verront peut-être...

LA PLUS VIEILLE AVEUGLE.

Ils regardent toujours du côté de la mer.

TROISIEME AVEUGLE-NE.

Il fait froid !

LE PLUS VIEIL AVEUGLE.

Écoutez les feuilles mortes ; je crois qu'il gèle.

LA JEUNE AVEUGLE.

Oh ! comme la terre est dure !

TROISIEME AVEUGLE-NE.

J'entends, à ma gauche, un bruit que je ne comprends pas...

LE PLUS VIEIL AVEUGLE.

C'est la mer qui gémit contre les rochers.

TROISIEME AVEUGLE-NE.

Je croyais que c'étaient les femmes.

LA PLUS VIEILLE AVEUGLE.

J'entends les glaçons se briser sous les vagues...

PREMIER AVEUGLE-NE.

Qui est-ce qui grelotte ainsi ? il nous fait trembler tous sur la pierre !

DEUXIEME AVEUGLE-NE.

Je ne puis plus ouvrir les mains.

LE PLUS VIEIL AVEUGLE.

J'entends encore un bruit que je ne comprends pas...

PREMIER AVEUGLE-NE.

Qui est-ce qui grelotte ainsi parmi nous ? Il fait trembler la pierre !

LE PLUS VIEIL AVEUGLE.

Je crois que c'est une femme. Je crois que c'est la folle qui grelotte le plus fort.

TROISIEME AVEUGLE-NE.

On n'entend pas son enfant.

LA PLUS VIEILLE AVEUGLE.

Je crois qu'il tette encore.

LE PLUS VIEIL AVEUGLE.

Il est le seul qui puisse voir où nous sommes !

PREMIER AVEUGLE-NE.

J'entends le vent du Nord.

LE SIXIEME AVEUGLE.

Je crois qu'il n'y à plus d'étoiles ; il va neiger.

DEUXIEME AVEUGLE-NE.

Nous sommes perdus alors !

TROISIEME AVEUGLE-NE.

Si l'un de nous s'endort, il faut qu'on le réveille.

LE PLUS VIEIL AVEUGLE.

J'ai sommeil cependant !

Une rafale fait tourbillonner les feuilles mortes.

LA JEUNE AVEUGLE.

Entendez-vous les feuilles mortes ? – Je crois que quelqu'un vient vers nous !

DEUXIEME AVEUGLE-NE.

C'est le vent ; écoutez !

TROISIEME AVEUGLE-NE.

Il ne viendra plus personne !

LE PLUS VIEIL AVEUGLE.

Les grands froids vont venir…

LA JEUNE AVEUGLE.

J'entends marcher dans le lointain !

PREMIER AVEUGLE-NE.

Je n'entends que les feuilles mortes !

LA JEUNE AVEUGLE.

J'entends marcher très loin de nous !

DEUXIEME AVEUGLE-NE.

Je n'entends que le vent du Nord !

LA JEUNE AVEUGLE.

Je vous dis que quelqu'un vient vers nous !

LA PLUS VIEILLE AVEUGLE.

J'entends un bruit de pas très lents…

LE PLUS VIEIL AVEUGLE.

Je crois que les femmes ont raison !
Il commence à neiger à gros flocons.

PREMIER AVEUGLE-NE.

Oh ! oh ! qu'est-ce qui tombe de si froid sur mes mains ?

LE SIXIEME AVEUGLE.

Il neige !

PREMIER AVEUGLE-NE.

Serrons-nous les uns contre les autres !

LA JEUNE AVEUGLE.

Écoutez donc le bruit des pas !

LA PLUS VIEILLE AVEUGLE.

Pour Dieu ! faites silence un instant !

LA JEUNE AVEUGLE.

Ils se rapprochent ! ils se rapprochent !

écoutez donc !

Ici l'enfant de l'aveugle folle se met à vagir

subitement dans les ténèbres.

LE PLUS VIEIL AVEUGLE.

L'enfant pleure ?

LA JEUNE AVEUGLE.

Il voit ! il voit ! Il faut qu'il voie quelque chose puisqu'il pleure ! *Elle saisit l'enfant dans ses bras et s'avance dans la direction d'où semble venir le bruit des pas ; les autres femmes la suivent anxieusement et l'entourent.* Je vais à sa rencontre !

LE PLUS VIEIL AVEUGLE.

Prenez garde !

LA JEUNE AVEUGLE.

Oh ! comme il pleure ! – Qu'y a-t-il ! – Ne pleure pas. – N'aie pas peur ; il n'y à rien

à craindre, nous sommes ici ; nous
sommes autour de toi. – Que vois-tu ? –
Ne crains rien. – Ne pleure pas ainsi ! –
Que vois-tu ! – Dis, que vois-tu ?

LA PLUS VIEILLE AVEUGLE.

Le bruit des pas se rapproche par ici ;
écoutez donc ! écoutez donc !

LE PLUS VIEIL AVEUGLE.

J'entends le frôlement d'une robe contre
les feuilles mortes.

LA SIXIEME AVEUGLE.

Est-ce une femme ?

LE PLUS VIEIL AVEUGLE.

Est-ce que c'est un bruit de pas ?

PREMIER AVEUGLE-NE.

C'est peut-être la mer dans les feuilles
mortes ?

LA JEUNE AVEUGLE.

Non, non ! ce sont des pas ! ce sont des
pas ! ce sont des pas !

LA PLUS VIEILLE AVEUGLE.

Nous allons le savoir ; écoutez donc les
feuilles mortes.

LA JEUNE AVEUGLE.

Je les entends, je les entends presque à côté de nous ! écoutez ! écoutez ! – Que vois-tu ? Que vois-tu ?

LA PLUS VIEILLE AVEUGLE.
De quel côté regarde-t-il ?

LA JEUNE AVEUGLE.
Il suit toujours le bruit des pas ! – Regardez ! regardez ! Quand je le tourne il se retourne pour voir… Il voit ! il voit ! Il voit ! – Il faut qu'il voie quelque chose d'étrange !…

LA PLUS VIEILLE AVEUGLE, *elle s'avance*
Élevez-le au-dessus de nous, afin qu'il puisse voir.

LA JEUNE AVEUGLE.

Écartez-vous !   écartez-vous ! *Elle   élève l'enfant au dessus du groupe d'aveugles.* – Les pas se sont arrêtés parmi nous !...

LA PLUS VIEILLE AVEUGLE.

Ils sont ici ! Ils sont au milieu de nous !...

LA JEUNE AVEUGLE.

Qui êtes-vous ?

Silence.

LA PLUS VIEILLE AVEUGLE.

Ayez pitié de nous !

Silence. – *L'enfant pleure plus désespérément.*

FIN

Maurice Maeterlinck

EEEOYS EDITIONS

EEEOYS EDITIONS est une aventure éditoriale consacrée à l'aventure scripturale.

On n'y rencontrera que des œuvres aventureuses qui dégagent l'entreprise littéraire de la dimension égotique, réflexive, introspective, pour déployer, leur auteur "retranché", comme l'écrivait Mallarmé à l'occasion d'une conférence sur Villiers de l'Isle-Adam de 1890, des mondes.

Eeeoys Editions propose quatre collections ou quatre filières éditoriales.

La collection **THRES** est dédiée à la traduction ou à l'adaptation audacieuse assumée d'œuvres ressortissant au patrimoine des langues latines.

La collection **DARVEL** propose au lecteur des œuvres inédites caractérisées par le décentrement aventureux, représentatif ou stylistique.

La collection **LIBERLIBER** est dédiée à la publication d'œuvres d' auteurs chinois francophones.

La collection **E.TUGNY** est consacrée à l'une des recherches littéraires les plus

singulières de notre temps : celle
d'Emmanuel Tugny, romancier, poète et
philosophe.

La collection **RES CIVICA** propose des
œuvres témoignant de l'engagement
politique de littérateurs, romanciers,
poètes ou dramaturges.

Solenn Hallou, agrégée de l'Université,
est directrice littéraire d'EEEOYS
EDITIONS.

Florian Virly, artiste, est directeur des
publications d'EEEOYS EDITIONS.

Maurice Maeterlinck